DE L'ENSEIGNEMENT

DE LA LÉGISLATION ET DE L'ÉCONOMIE POLITIQUE

A l'École Supérieure de Commerce de Marseille.

PAR

Charles VERNE

Avocat au Barreau de Marseille.

MARSEILLE

TYPOGRAPHIE ET LITHOGRAPHIE BARLATIER ET BARTHELET

Rue Venture, 19

—

1889

DE L'ENSEIGNEMENT

DE LA LÉGISLATION

ET DE

L'ÉCONOMIE POLITIQUE

A l'École Supérieure de Commerce de Marseille

PAR

CHARLES VERNE

Avocat au Barreau de Marseille.

MARSEILLE

TYPOGRAPHIE ET LITHOGRAPHIE BARLATIER ET BARTHELET
Rue Venture, 19

1889

DE L'ENSEIGNEMENT

DE LA LÉGISLATION ET DE L'ÉCONOMIE POLITIQUE

A l'École Supérieure de Commerce de Marseille.

L'Ecole supérieure de Commerce de Marseille a été fondée sous le haut patronage de notre Chambre de Commerce. Elle a pour but de donner aux jeunes gens une instruction sérieuse, approfondie, spécialement appropriée à la carrière commerciale (1).

Chargé de l'enseignement important du droit et de l'économie politique à cette Ecole, nous avons dû nous préoccuper de la méthode à suivre dans ces deux cours. Nous avons cru devoir adopter un ordre tout spécial, qui n'a peut-être jamais été suivi, et qui nous a été inspiré par les circonstances où nous nous trouvons. Nous avons pris comme cadre de tout notre enseignement, le Code de Commerce. Nous avons pensé obtenir ainsi un double avantage : un avantage pratique : exciter l'attention de nos auditeurs, voyant qu'on leur enseigne des objets qu'ils ont évidemment intérêt à connaître; un avantage moral : les habituer eux-mêmes à faire converger leurs pensées, à concentrer leurs efforts principalement à l'accomplissement des devoirs de leur profession, suivant l'adage : *Age quod agis;* fais bien ce que tu fais.

C'est donc presque constamment dans l'ordre du Code de Commerce que nous groupons toutes nos leçons, qui forment

(1) Rapport de M. Courtot, du 16 novembre 1871.

sans doute deux cours nettement séparés, mais que nous faisons marcher d'une manière, pour ainsi dire, parallèle et se complétant mutuellement.

Nous les faisons précéder d'une seule introduction commune aux deux cours, pour bien marquer leur intime solidarité. Cette introduction est consacrée aux principes des sciences morales et à des notions sur l'histoire du Droit et sur l'histoire de l'Économie politique.

I

Dès le début de notre enseignement, nous proclamons avec certitude, comme les deux axiomes indéniables des sciences morales, d'une part, l'existence de la liberté humaine, et d'autre part, l'existence des lois morales, supérieures aux caprices des volontés humaines et aux abus de la force brutale.

Au blasphème si souvent proféré dans ces dernières années : la force prime le droit, nous opposons les formules vraiment françaises, échos de la conscience de l'humanité : Il n'y a pas de droit contre le droit. La force, au lieu de primer le droit, ne doit être que la protectrice et la respectueuse servante du droit.

Pour nous, le droit est la partie de la morale dont il nous est permis d'exiger l'observation de la part de nos semblables, et l'Économie politique est non seulement la science de la production, de la distribution et de la consommation de la richesse, mais aussi la science du travail, puisque le travail est la source et l'élément constitutif de la richesse.

Dans nos notions sur l'histoire du droit, nous indiquons que notre législation française n'est l'œuvre ni d'un seul homme, ni d'une seule époque, mais, le résultat des traditions de l'humanité ! Nous devons donc avoir un respect sincère pour l'œuvre de la sagesse des siècles qui nous ont précédés, et si de nouvelles réformes sont jugées utiles, elles ne doivent être faites qu'avec réflexion et d'une manière légale ; nous nous efforçons constamment d'inspirer à nos auditeurs le sentiment qui, seul, fait les grands peuples : le respect des lois.

D'autre part, dans nos notions sur l'histoire et l'origine de l'Économie politique, nous croyons inutile de rechercher les traces de cette science dans l'antiquité. Les sociétés païennes reposaient sur deux bases vicieuses : l'esclavage et le mépris du travail. Nous rappelons le système de l'organisation des corporations de métiers, qui rendirent de grands services lors du réveil de la civilisation en Europe, après les néfastes invasions des barbares d'outre-Rhin ; mais nous indiquons aussi les abus auxquels ce système donna lieu, soit par la suppression de la liberté du travail dans certaines villes, qui avaient des corporations privilégiées et jalouses de leurs monopoles, soit par les excès de règlementation dans les modes de fabrication. Après avoir signalé les erreurs du système mercantile qui considérait l'or et l'argent comme la seule richesse, nous avons cru devoir mentionner spécialement les désastres occasionnés par le système de Law, qui, exagérant le rôle du crédit, voyait, dans la création de valeurs de papiers, un mode d'augmenter véritablement la richesse. Enfin, nous constatons l'élan donné à l'étude vraiment rationnelle et scientifique de l'Économie politique, par les Physiocrates français. Nous indiquons le témoignage de sincère admiration que leur rend Adam Smith, qui doit être considéré comme leur disciple, mais un disciple de génie !

Enfin, nous signalons avec tout le soin nécessaire, le service rendu à la science par Adam Smith, qui a déterminé la véritable source de la richesse, le travail (non pas seulement le travail agricole, ainsi que l'avaient enseigné les Physiocrates) mais le travail sous toutes ses formes utiles.

La science de l'Économie politique était fondée.

Le principe, la vérité première, l'axiome de l'Economie politique était signalé. Nous pouvons déduire les conséquences de cette vérité première. Nous pouvons commencer notre double enseignement, le Droit et l'Économie politique.

II

Dans notre cours de législation, nous débutons par le commentaire de l'article 1ᵉʳ du Code de Commerce :

« Sont commerçants ceux qui exercent des actes de commerce, et en font leur profession habituelle. »

On sait à quelles difficultés a donné lieu la définition de l'acte de commerce. Trois systèmes sont en présence ; d'après le premier système, l'acte de commerce consisterait dans la spéculation et surtout dans l'achat, avec intention de revendre en réalisant un bénéfice ; d'après un second système, l'acte de commerce, serait le fait de servir d'intermédiaire entre le producteur et le consommateur ; enfin, d'après un troisième système, les deux définitions précédentes seraient insuffisantes et il faudrait, nous inclinant devant les textes de la loi, appeler actes de commerce les actes que le Code de Commerce comprend dans les énumérations des articles 632 et 633.

Quant à nous, nous proposons à nos élèves d'accepter ces diverses idées comme exactes.

Pour l'économiste, le commerce est l'industrie qui a pour but, avec l'intention de réaliser des bénéfices, de servir d'intermédiaire entre le producteur et le consommateur. Tandis que le jurisconsulte doit accepter comme actes de commerce, ceux auxquels le législateur a cru devoir imprimer ce caractère.

Mais, après le commentaire de cet article 1ᵉʳ, sur ces larges bases, la simple lecture des articles 2 et suivants, consacrés au mineur et à la femme mariée autorisés à faire le commerce, nous montre la nécessité d'étudier préalablement le livre 1er du Code Civil, livre qui traite des personnes en général, et qui comprend, du reste, des matières du plus grand intérêt pour un commerçant, notamment des règles nombreuses sur la nationalité, sur la situation de l'étranger en France et réciproquement sur celle du Français en pays étranger, sur le domicile, sur l'absence, sur l'autorisation maritale, sur la tutelle, etc.

Nous revenons ensuite aux textes du Code de Commerce, mais arrivés aux titres consacrés aux contrats commerciaux, c'est-à-dire relatifs aux choses que l'on nomme des marchandises, il nous est facile de démontrer à nos élèves qu'il leur est indispensable d'étudier les deux derniers livres du Code Civil, consacrés, l'un aux choses ou aux biens, et l'autre aux différentes manières dont on acquiert la propriété.

Nous faisons précéder l'explication du livre II du Code de Commerce, c'est-à-dire les règles du droit maritime, par un résumé du droit des gens maritime privé.

Enfin, l'étude des livres 3e et 4e du Code de Commerce, ayant pour objet des matières de procédure et l'organisation de la juridiction commerciale, s'élargit pour nous, et nous fournit l'occasion de donner à nos élèves des notions sur l'ensemble du droit public, sur l'ensemble de l'organisation et du fonctionnement des pouvoirs publics.

III

Mais nous ne nous limitons pas à l'enseignement des textes de la législation ; nous examinons aussi, dans notre cours d'Économie politique, les causes rationnelles de ces textes.

Nous l'avons dit, même dans notre cours d'Économie politique, nous suivons également, presque exactement, l'ordre du Code de Commerce.

C'est aux mots: *Actes de Commerce*, contenus dans l'article 1er du Code de Commerce, que nous rattachons nos premières leçons d'Économie politique. Après deux conférences, l'une sur la définition de l'Économie politique, l'autre sur la richesse, nous consacrons la troisième au travail, à ses diverses formes et particulièrement à l'industrie commerciale.

J.-B. Say a défini l'Économie politique la science de la production, de la distribution et de la consommation de la richesse. Le mérite intrinsèque et l'élégance de cette formule lui a conquis de nombreux adhérents. Mais quelques économistes même de grand mérite ont également défini cette science en d'autres termes : Bastiat, la science des échanges ; Mac Culloch, la science des valeurs ; d'autres, la science du travail.

Ces diverses formules ne se contredisent pas. Elles se complètent.

Après avoir rappelé les controverses qui ont éclaté notamment entre J.-B. Say, qui donnait au mot richesse le sens de valeur d'échange, et Ricardo, qui lui donnait le sens de valeur d'utilité, et enfin l'opinion de Bastiat, qui a résumé ce débat avec son grand bon sens habituel, nous citons à nos élèves ce passage de John Stuart Mill : « On doit définir la richesse toutes choses « utiles ou agréables, ayant une valeur d'échange, ou, en d'au- « tres termes, toutes choses utiles ou agréables, exceptées celles « qui peuvent être obtenues, dans la quantité désirée, sans tra- « vail ou sacrifice. »

Donc, le travail étant la source, l'élément constituant de la richesse, on comprend que la science de la richesse soit également appelée la science du travail.

Le travail se présente sous des formes diverses, que l'on peut diviser en deux grandes classes : les travaux qui ont pour but la création d'utilités échangeables ou évaluables en argent d'une manière relativement facile : l'agriculture, l'industrie et le commerce ; et, deuxièmement, les travaux donnant des résultats utiles aussi (et souvent même de la plus grande utilité), mais plus difficilement évaluables en argent, les travaux scientifiques, les œuvres artistiques et celles de pure bienfaisance.

Qui pourra jamais payer à un Lavoisier, ou à un Pasteur, le prix des services qu'ils ont rendus à l'humanité !

Vous venez de voir avec quel enthousiasme, deux grands peuples se sont disputé une œuvre d'un peintre français, un tableau que les journaux nous ont souvent décrit, à peu près, en ces termes : Un paysan et sa femme, dans la campagne, dans l'auréole d'un soleil couchant, au moment de l'*Angelus*, les yeux inclinés, élevant leur âme vers les cieux ! Comment savoir quelle est la somme mathématiquement équivalente d'un chant de Mozart ou de Beethoven, de Donizetti ou de Rossini, de Boëldieu, de Berlioz ou de Gounod ! Qui pourra taxer la valeur pécuniaire d'une tragédie de Corneille, d'une ode de Lamartine ou de Hugo, de certaines pages de Bossuet, de Montesquieu ou de Bastiat !

Quel enfant pourra rembourser, deniers comptant, la valeur du dévouement maternel ! Quel pays est assez riche pour solder intégralement sa dette envers un de ses plus modestes soldats, sacrifiant sa vie pour la défense de la justice et du sol de la Patrie !

Et, cependant, il existe une indéniable solidarité entre toutes ces formes de l'activité humaine. Ainsi, comment le commerce pourrait-il prospérer si l'agriculture ne lui fournissait pas ses produits, si l'industrie ne multipliait pas la valeur des matières premières ? Comment la richesse pourrait-elle naître et s'accroître dans un pays ignorant, aux instincts grossiers et vils ?

Dans l'ensemble harmonique des travaux de l'humanité, il faut que chacun de nous accepte une tâche et s'efforce de la remplir de son mieux, pour concourir au bien général.

Jeunes gens, qui avez suivi ou qui suivez encore nos leçons, votre rôle ne sera pas le moins utile. Le commerce joue, dans le fonctionnement de l'activité sociale, le rôle des artères et des veines qui distribuent dans l'ensemble du corps humain, avec le sang, la force et la vie.

Parmi l'infinie variété des objets dont s'occupe l'économie politique, nous faisons rentrer dans nos leçons principalement ceux qui se rapportent à l'industrie commerciale.

La propriété qui est la récompense du travail est, en même temps, le palladium de la liberté. La liberté, c'est la propriété que l'homme a de lui-même. La propriété, c'est l'extension de notre libre activité sur les objets extérieurs.

Nous consacrons une conférence spéciale aux objets sur lesquels peut porter la propriété privée ; nous examinons les problèmes si intéressants que l'on désigne sous les noms de propriétés intellectuelle, littéraire, artistique et industrielle ; nous ne nous arrêtons pas longtemps à l'histoire de l'abolition de l'odieuse institution de l'esclavage, nous signalons les efforts faits pour arriver à sa complète extinction, et nous unissons dans notre commune admiration les noms des Wilberforce et des Lavigerie.

Nous étudions ensuite la division du travail qu'Adam Smith signale comme la cause la plus féconde de l'augmentation de la prospérité des nations.

Nous constatons l'origine du capital, qui n'est que du travail économisé, pour faciliter de nouveaux travaux et augmenter la création de richesses nouvelles et plus abondantes. L'humanité sans capital serait toujours en danger de périr.

Au titre du Code de commerce sur les sociétés nous rattachons la théorie si vaste des associations. L'homme est un être social, ne pouvant vivre et prospérer en dehors de toute société avec ses semblables. La famille est une petite société ; l'État est, ou une famille qui a grandi, ou une réunion de familles régulièrement organisée.

A l'occasion du titre des achats et ventes, nous examinons avec le plus grand soin tout ce qui se rapporte au troc, aux échanges, à la valeur, à la monnaie, au théorème de Gresham, à la lutte entre le bimétallisme et le monométallisme, à l'union monétaire, dite l'Union Latine ; aux salaires : le salaire est ou le prix convenu d'un travail à effectuer, ou une part d'associé garantie contre les chances d'insuccès du travail entrepris, et payée avant la réalisation de l'utilité cherchée, en d'autres termes : une part escomptée et assurée.

Le titre de la lettre de change nous fournit l'occasion d'étudier toutes les questions relatives au crédit, l'histoire du développement du crédit personnel et du crédit réel, l'origine et les formes des cessions de créances, l'invention de la lettre de change, celle des endossements, l'histoire des banques, dès leur origine ; celle de Venise, de Gênes, de Barcelonne, d'Amsterdam, celle d'Angleterre, celles de l'Ecosse, que l'on peut appeler la terre classique des banques, les transformations que la Banque d'Angleterre a subies, par suite de la loi de 1844, inspirée par les idées de Lord Overstone, adoptées par Robért Peel ; nous croyons devoir nous arrêter avec soin à l'appréciation des controverses si ardentes que cette loi a provoquées ; nous citons sur ce point les opinions de quelques-uns des plus célèbres économistes anglais, Gilbart et Macleod, d'une part, Mac Culloch et Stanley Jevons, d'autre part, ainsi que le sentiment tout particulier de Walter Bagheot.

Nous ne négligeons pas l'histoire des banques en France, depuis les origines jusqu'à nos jours, et les modifications que les banques subissent actuellement dans les principaux pays.

Nous étudions, enfin, quelques-unes de nos institutions de crédit et de prévoyance, ainsi que les problèmes que soulèvent les crises, qui ne se produisent que trop souvent dans les transactions commerciales et industrielles.

Au droit public, nous rattachons la théorie si importante des

Impôts, des emprunts, des conversions, et notamment les ardentes controverses entre les protectionnistes et les libres échangistes.

Nous nous efforçons, dans nos dernières leçons, et pour clôturer nos deux cours, de tracer comme une esquisse de l'ensemble des sciences morales, en nous inspirant du chef-d'œuvre de Bastiat, malheureusement interrompu par la mort, les *Harmonies économiques*, que la postérité placera sans doute, au moins à côté, et peut-être au-dessus de l'*Esprit des Lois* de Montesquieu.

Nous réunissons ainsi dans une large unité les deux branches de notre enseignement : la science de l'Économie politique ou du travail, c'est-à-dire de l'observation de la grande loi morale : « Tu gagneras ton pain à la sueur de ton front » ; et la science du droit ou de la justice qui doit être acceptée par tous comme la souveraine incontestée de l'humanité.

*\
* *

Je désire vous avoir donné une preuve, Messieurs les Présidents et membres de la Chambre de Commerce, que nous nous efforçons, à l'École, de mériter l'honneur que vous nous faites en nous prenant sous votre patronage.

Qu'il me soit permis d'ajouter que nous avons conscience que l'enseignement tout spécial de l'École Supérieure de Commerce offre une grande utilité même aux jeunes gens munis de diplômes de bacheliers, qui viennent souvent augmenter le nombre de nos élèves.

Nous avons également la ferme conviction que l'École pourra fournir une preuve encore plus énergique et vivante de l'excellence de son enseignement.

En effet, c'est à vous maintenant que je dois m'adresser, jeunes gens qui avez reçu nos leçons. C'est à vous de montrer par votre conduite, quelle a été leur valeur.

Oubliez, j'y consens, quelques détails de cet enseignement si varié, si complexe, oubliez même jusqu'aux noms de vos maîtres qui vous ont prodigué leur dévouement ; mais n'oubliez jamais ce qui a formé l'esprit, l'âme même de nos leçons et qui peut se résumer en ces mots : *Travail et probité*.

En ce moment, devant vos parents, vos amis, les chefs éminents de notre commerce, les magistrats qui sont venus nous donner une preuve précieuse de l'intérêt qu'ils portent à notre Ecole, prenez l'engagement énergique de rester fidèles à cette devise : *Travail et probité*.

Cette devise, je voudrais, dans ces dernières paroles que je vous adresse, en ma qualité de professeur, achever de la graver en caractères ineffaçables dans votre esprit et votre cœur. Que votre conduite soit notre meilleure récompense et notre légitime fierté ; qu'en faisant votre éloge, on dise de vous : c'est un élève de l'Ecole Supérieure de Commerce ; il est toujours resté fidèle à la devise de l'Ecole : **Travail et probité !**

MARSEILLE. — TYP. ET LITH. BARLATIER ET BARTHELET.